AF467161

OBSERVATIONS

Sur les nouveaux Forts qui ont été exécutés, & qui doivent l'être pour la défense de la rade de Cherbourg;

Où l'on fait mention des travaux faits au Havre, à Dunkerque, & à l'île de France;

Où l'on donne enfin les moyens de faire exécuter à l'avenir des Ouvrages moins coûteux & d'une meilleure défense.

Avec un Projet de nouvelles lignes frontières permanentes, pour couvrir les Provinces du Royaume.

Par M. le Marquis DE MONTALEMBERT.

A PARIS,
De l'Imprimerie de Philippe-Denys PIERRES,
Premier Imprimeur Ordinaire du Roi, rue S. Jacques.

M. DCC. XC.

ÉPITRE

A MESSIEURS LES OFFICIERS DU CORPS ROYAL DU GÉNIE.

FAITES COMME MOI, MESSIEURS, OU FAITES MIEUX QUE MOI. C'est un dilemme ſans replique.

J'ai indiqué une route nouvelle dans mon Traité de Fortification. Un tracé différent & des Caſemates d'une conſtruction toute autre que les anciennes, en forme le caractère particulier. J'en ai donné le prototype ſur plus de cent-vingt grandes Planches très-bien gravées. Vous ne devez donc vous en écarter, que pour vous procurer de plus grands avantages.

Cependant vous avez fait exécuter à Cherbourg des Forts caſematés, & pour ne vous être pas conformé à mes modèles, vos compoſitions ſont devenues d'une très-grande dépenſe, & d'un très-petit effet.

Dès que des défauts de cette importance m'ont été connus, je les ai démontré à l'Académie Royale des Sciences, dans un Mémoire que j'y ai lu le 29 de Juillet 1789; mais M. de Caux, *bien loin d'admettre aucun de mes reproches, a entrepris de tout juſtifier, dans ſa réponſe à M. le Comte de la Tour-du-Pin, qui lui avoit communiqué mes obſervations.*

*

Ainsi M. de Caux, *ou moi, avons tort. Qui nous jugera? J'ignore à qui il voudroit s'en rapporter; pour moi qui ne cherche que la vérité, je veux que tout le Corps soit mon juge. Je publie donc dans cette vue mes observations sur la Lettre de ce Directeur des Fortifications, dont M. le Comte de la Tour-du-Pin m'a envoyé la copie; je publie mon Mémoire lu à l'Académie, avec des additions qui rendront l'instruction plus complette, & je m'en remets avec confiance à ce que le Corps en décidera.*

Que la bonne foi règne ici, comme elle doit régner entre des Militaires que l'honneur conduit, qui n'ont que le bien en vue. Personne n'est plus persuadé que je l'ai toujours été, qu'il n'existe en aucun lieu du monde, un Corps où il se trouve autant de connoissances réunies, & si j'ai perfectionné l'art dont il tire toute sa gloire (1), *je ne dois pas être regardé comme son ennemi. Je ne l'ai jamais soupçonné d'avoir participé à cette critique de mon Ouvrage, que personne n'a osé signer. Quelques Chefs jaloux de leur ombre, aveuglés par leurs*

---

(1) *N. B.* Il s'en faut de beaucoup, que l'art tel que le Corps le professe, lui donne dans l'opinion des Militaires instruits, le degré de gloire dû à ses véritables talens. Étant très-borné dans ses compositions, il leur paroît devoir être la mesure du génie de ceux qui ne savent pas s'en écarter.

Voici comment le Général Lloyd s'exprime dans son Extrait de la Guerre d'Allemagne en 1756, page xxiij de la Préface, & page iij de sa Description Militaire.

« Il existe une uniformité remarquable dans les ouvrages de tous les Ingé- » nieurs, ce qui prouve qu'ils ne savent que ce qu'ils ont appris, mais qu'ils » n'ont pas une étincelle de ce génie qui varie à l'infini, & qui forme de » nouvelles combinaisons relatives aux nouvelles circonstances qui doivent » se présenter & se présentent en effet.........Et leur vanité se trouve » flattée, d'avoir occasion d'étaler tous les différens ouvrages, qu'ils ont vu » dans les écoles, & dont les plans paroissent merveilleux sur le papier ».

paſſions, s'étayant du nom reſpectable de Vauban, en lui faiſant dire ce qu'il n'a jamais dit, ont osé donner leurs erreurs pour les principes de leur Corps. Ils l'ont ainſi dégradé aux yeux de toute l'Europe, ils lui ont de ce moment, fait perdre cette grande vénération pour les Ingénieurs français, qui régnoit dans tous les eſprits; j'en rapporterai ici pour preuve, la Lettre que j'ai reçu d'un Major au Corps du Génie Pruſſien. (Voyez cette Lettre à la ſuite de celle-ci). *Il ne faut pas qu'un Corps auſſi méritant, ignore l'opinion qu'on a pris de lui, avec tant d'injuſtice, par l'imprudente conduite de quelques-uns de ſes membres. Les tems ne ſont plus, où quelques Chefs, par un régime oppreſſif, gênoient les opinions, & forçoient au ſilence. On peut parler aujourd'hui, & je reclame une déciſion de la part des Juges compétents auxquels je m'en rapporte; s'ils jugent en ma faveur, j'aurai la ſatisfaction de voir adopter de meilleures méthodes; ſi je ſuis condamné, ce ne ſera sûrement que par une démonſtration rigoureuſe de mes erreurs, alors j'y gagnerai de l'inſtruction.*

J'interpelle donc mes Juges, dans la pleine confiance que ſi quelques-uns d'eux, ont eu la foibleſſe de ſe conduire par des vues perſonnelles, le très-grand nombre réuniſſant autant d'équité que de lumières, ſera incapable de partialité. Cet eſprit de Corps ſi nuiſible, qui ne franchit jamais le cercle étroit de ſes connoiſſances acquiſes, ne peut dominer des Officiers auſſi éclairés; il n'eſt le partage que de la médiocrité. Les grands talents s'aſſimilent à toutes les découvertes, & ils s'en ſervent d'échelons pour aller plus loin encore.

Tel eſt sûrement, Meſſieurs, l'uſage que vous allez faire de

**

votre liberté dans vos opinions : le seul but digne de votre émulation, est de porter l'art à son dernier degré. Qui mieux que vous en pourroit donc trouver les moyens ? Mais pour peu que mes longs travaux puissent y avoir la moindre part, je n'aurai qu'à me féliciter d'y avoir sacrifié, & ma fortune & mon tems.

Je suis, Messieurs, avec toute l'estime, & la haute considération que méritent vos grandes connoissances,

Votre très-humble & très-obéissant serviteur,
LE MARQUIS DE MONTALEMBERT.

LETTRE de M. DE LINDENAU, Major au Corps Royal du Génie Prussien, à M. le Marquis DE MONTALEMBERT.

De Schweidnitz, le 3 Novembre 1788.

MON GÉNÉRAL,

« Vous verrez par cette lettre, que je suis la même carrière, dans laquelle » vous avez réussi à vous distinguer. Votre Ouvrage sur la Fortification Perpendiculaire, dont le Professeur Bohm de Guissen a fait mettre un extrait dans » le magasin des Ingénieurs & Artilleurs, m'est bien connu ; j'en ai une édition » (1), & je vous suis reconnoissant des connoissances que j'y ai puisées ; il m'a » bien guidé, & j'espère que si je vis encore long-tems, le bon Roi que je » sers, & ma Patrie que je chéris, en sauront tirer parti par moi ; je vous » écris la présente dans ma quarantieme année.

» J'attends avec le plus grand desir d'avoir tous vos Ouvrages, que je cherche » à me procurer sitôt que j'en puis avoir l'avis dans ma garnison qui est si éloignée » de Berlin, le séjour des Savans, ce qui perce difficilement dans nos pro» vinces.

---

(1) Le Professeur André Bohm de Guissen, dont parle ici M. de Lindenau, a rendu un compte très-avantageux *de la Fortification Perpendiculaire* dans son volume de l'année 1779 : & dans le volume de l'année 1789, on trouve une réfutation du Mémoire des Ingénieurs Français, contre cet ouvrage.

» Je vous écris, mon Général, avec la confiance d'un disciple docile pour son » maître, & vous supplie, avec le respect que je vous ai voué, de me faire » parvenir tous les ouvrages que vous avez fait depuis l'édition de votre Supplé- » ment, à la première Partie du cinquieme tome de la Fortification Perpen- » diculaire, en y ajoutant tout ce qui a été écrit de remarquable à ce sujet; MAIS » DE GRACE N'Y JOIGNEZ PAS LE MÉMOIRE SUR LA FORTIFICATION PERPENDI- » CULAIRE, PAR PLUSIEURS OFFICIERS DU CORPS DU GÉNIE FRANÇAIS.

» Je vous supplie, mon Général, de m'accorder la permission de faire imprimer » votre Supplément au cinquieme Tome, que j'ai traduit en langue Allemande, » conjointement avec la lettre du Baron de Montalembert, adressée à M. de » Kéralio, au sujet du compte rendu : mon Ouvrage sera sous le titre de *Re-* » *cueil de différens ouvrages sur la Fortification Perpendiculaire de M. le Marquis* » *de Montalembert.* Si votre réponse au Mémoire des Ingénieurs avoit déja » paru, & que je la reçoive sous peu par la voie de Breslau, qui est la plus » prompte, en me l'adressant sous le couvert *de M. W. Guillaume-Théophile Korn*, » Libraire de ladite ville, je ne manquerois pas de la traduire également sous votre » approbation, & de la communiquer à nos Officiers Allemands, qui estiment » vos principes, inventions & corrections dans l'art des fortifications, & qui n'en- » tendent pas le français.

» Oserois-je, mon Général, aussi m'attendre à l'accomplissement d'une der- » nière demande, que je vais prendre la liberté de vous faire : pourriez-vous » m'envoyer un petit dessin de vos nouveaux *affûts à aiguille*, qui ont été » éprouvés avec tant de succès à l'*île d'Aix*, & qui ont été poussés par vous au » dernier dégré de perfection, pour l'usage universel; vous m'obligerez infini- » ment, & je le ferai voir, pour l'honneur de l'inventeur, à notre Roi, aussi- » tôt son retour ici; le but que j'ose m'en promettre, ne me seroit pas si avan- » tageux, si j'en faisois faire le dessin moi-même, d'après le plan & l'explica- » tion que vous en donnez.

« Il pourroit y avoir de certaines personnes qui prétendroient que je ne les » aurois pas bien conçus; car nous avons ici comme par-tout des gens qui font » ce qu'ils peuvent pour empêcher que la vérité perce, devroient-ils y employer » les moyens les plus vils. On a dressé à Schweidnitz, Silberberg, Glats, Reis, » Cosel, & Breslau en Silésie, des batteries casematées; & quoiqu'elles n'aient » pas été faites d'après les proportions que vous avez données, vu que votre » premier tome n'a été connu qu'en 1776, elles n'ont pas le défaut qu'attribuent » vos Ingénieurs d'aujourd'hui à toutes les casemates (ce qui n'est pas étonnant), » puisqu'ils adoptent toujours leur ancienne construction, malgré l'exemple qu'il » ont des casemates de l'île d'Aix. Les batteries casematées que j'ai fait cons- » truire ici, ont subi l'épreuve que Sa Majesté m'avoit ordonné de faire faire

» l'année passée; je l'ai donc fait dans un tems de pluie & le vent très-bas, & » cependant on pouvoit bien reconnoître tout le terrein voisin, une demi-minute » après l'explosion d'un boulet de douze livres, n'y ayant point eu de fumée.

» Vous voyez, par-là, mon Général, que les Ingénieurs Prussiens ne sont pas » d'accord avec les vôtres, parce que dans les circonstances actuelles, nous avons » plus d'occasions de songer à de nouveaux moyens de perfectionner notre dé- » fense. Dans notre Corps, les ordres de nos Rois, & non pas l'autorité des » faiseurs de projets, n'ont point mis de bornes à l'invention des systêmes nouveaux.

J'ai l'honneur d'être avec un profond respect, &c.

Signé DE LINDENAU, Major du Corps Royal du Génie, Ingénieur ordinaire de la Place, & Membre de la principale Société Royale-Économique-Patriotique en Silésie.

POST-SCRIPTUM.

« J'ai devant moi traduit en allemand, votre célèbre ouvrage sur *la Fortifi-* » *cation Perpendiculaire*, en plus grande partie, & le cinquième tome en » entier; je continue cette traduction pour l'instruction des jeunes Ingénieurs » qui me sont confiés, & j'espère pouvoir donner au public dans tout son entier, » *ce grand produit instructif qui émane de vous*, si toutefois vous m'en accordez » la permission, & que je puisse trouver des graveurs habiles qui sont rares » en Allemagne.

» Je vous supplie instamment de m'envoyer au plutôt tout ce que vous avez » écrit depuis votre Supplément, ainsi que ce qui a paru sur votre Ouvrage Per- » pendiculaire que vous reconnoissez bon. Le Corps Français des Ingénieurs à ce » que j'ai entendu, interdit l'impression de votre Réponse aux Ingénieurs (1); » il faut que ce Corps ait beaucoup d'influence, & qu'il soit en même tems » bien peu éclairé pour cela. Si cependant cet ouvrage a été imprimé, je serai » bien-aise de l'avoir, parce que je suis après à faire l'Histoire de la Fortifi- » cation de ce siècle; & comme la révolution que vous y avez faite, mon » Général, doit absolument y paroître, je ne peux ni en lire ni en écrire assez.

» Le Corps des Ingénieurs Prussiens, que notre bon Roi actuel a mis sur un » pied considérable, & qui a établi une École d'instruction pour les Ingénieurs

---

(1) Il a existé en effet une défense expresse, à l'Auteur de la Fortification Perpendiculaire, de répondre au livre publié sous le nom de plusieurs Officiers du Génie, par une lettre du Ministre de la Guerre, en date du 30 Novembre 1786.

Cette défense n'a pu être levée que sous le successeur de ce Ministre, par une lettre du 10 Août 1788; ce qui a retardé de prè d deux ans la publication de la Réponse aux Ingénieurs.

» à venir, vient d'avoir un Chef, c'eſt le Général-Major de Regler, qui, ſous
» feu le Roi, a ſervi avec beaucoup de gloire, comme Général-Quartier-Maître,
» dans la guerre de ſept ans, & qui a auſſi conſtruit la forterelle de Zilberbeg, &
» qui a, pour ainſi dire, rebâti la place de Glatz; il eſt en même tems Chef
» du quatrieme département du Collège de la Guerre : il joint à mille connoiſ-
» ſances & beaucoup d'expérience le meilleur caractere du monde, & ce que
» j'eſtime le plus en lui, c'eſt qu'il honore toutes recherches dans la ſcience
» ſublime qui a tant gagné par vous, mon Général, & qui auroit gagné da-
» vantage, ſi l'envie & l'égoïſme de vos propres compatriotes, n'avoient pas
» tant cabalé contre; vous avez cela de commun avec tous les grands Hom-
» mes, c'eſt d'avoir eu des envieux; mais vous avez une conſolation, c'eſt
» d'être perſuadé que la poſtérité ſaura mieux rendre hommage à vos talents.

ERRATA.

Page 15, *ligne* 25, *il y a* qu'il ne, *lisez*, qui ne.
Page 16, *ôtez les guillemets des* 6 & 7e *lignes.*
Page idem, ligne 31, *il y a* de de Caux, *lisez*, de M. de Caux.
Page idem, ligne 32, *il y a* INDÉTERMINABLE, *lisez*, INTERMINABLE.
Page 18, *ligne* 20, *il y a* celui-ci, *lisez*, à ceux-ci.
Page 19, *ligne* 16, *il y a* de ne jamais, *lisez*, de me jamais.
Page 20, *ligne* 24, *il y a* sans avoir, *lisez*, sans en avoir.
Page 22, *ligne* 30, *il y a* mézatectre, *lisez*, mésalectre.

OBSERVATIONS

OBSERVATIONS

Sur les nouveaux Forts exécutés à Cherbourg, & autres travaux du même genre exécutés en différens endroits.

Par M. le Marquis DE MONTALEMBERT.

L'ESPRIT de Corps éternise jusqu'aux préjugés populaires, il est l'ennemi naturel des découvertes utiles; parce que tout Corps tient également & à ses connoissances acquises, & à ses erreurs. De même toute Administration soutient ses principes & défend ses fautes; elle se refuse constamment aux démonstrations les plus évidentes. Il en coûte trop à l'amour-propre de convenir qu'on eût pu mieux faire, & quiconque entreprend d'éclairer sur des abus, est sûr d'avoir pour contradicteurs, tous ceux qui les commettent.

Les exemples d'un attachement opiniâtre à d'anciens & mauvais usages auxquels des Corps tiennent, sont nombreux; l'énumération en seroit aussi longue qu'inutile ici. L'on se bornera à en citer un seul des plus importants, puisqu'il intéresse la Nation entière. L'expérience de toutes les guerres a prouvé que les places fortes étoient insuffisantes pour la conservation des Provinces frontières du Royaume; depuis que l'attaque est devenue supérieure à la défense, tout le monde sait qu'elles ne sont plus un moyen de conservation, & les vœux publics se sont réunis depuis long-tems, pour que la défense pût acquérir la supériorité qu'elle a perdue. Alors les sommes considérables que le Gouvernement emploie pour ses fortifications, ne seroient plus en pure perte; l'on sent que si un certain nombre de places, capables d'une très-grande résistance, ou même de places impossibles à réduire par la force pouvoient remplacer cette grande quantité de mauvaises places, dont quelques jours de tranchée ouverte suffisent pour s'en rendre maîtres, nos frontières seroient respectées par les Puissances voisines, même les plus ambitieuses ; & les possessions de tous les sujets du Roi, se trouveroient pour toujours garanties du fléau des fréquentes guerres auxquelles elles sont exposées. De l'impénétrabilité de nos frontières dépend sans doute la conservation du Royaume, & de la possession assurée de nos Colonies dépend l'accroissement de notre Commerce, d'où naît la richesse de l'État.

De si grands avantages seroient une suite nécessaire de l'art défensif perfectionné. Un ouvrage considérable, publié depuis quatorze ans (*la Fortification Perpendiculaire*) paroît avoir rempli cet important objet. Ses principes fondamentaux sont à la portée de tout le monde. Ils consistent à donner à l'assiégé les moyens de placer à couvert de tous les feux de l'assiégeant, une artillerie supérieure à la sienne, dans la proportion de 12, 15, & 20 pièces contre une, sur toute l'étendue du front de l'attaque.

Or, si l'on ne peut disconvenir que les 20 pièces bien couvertes de l'assiégé détruiront une pièce de l'assiégeant placée à découvert derrière des gabions remplis de terre remuée, il faut en conclure que l'artillerie de ce dernier, sera détruite par celle du premier. Mais sans artillerie, on ne peut ouvrir les remparts d'une place, & sans une brêche on ne peut y pénétrer ; ainsi donc elle ne pourra être prise.

Ceci est précisément le contraire de ce qui arrive, avec la méthode usitée de fortifier les places. Toute l'artillerie destinée à leur défense placée à découvert sur le haut des remparts bastionnés, étant prise en rouage par celle de l'assiégeant, une seule de ses pièces en peut détruire vingt des autres, & de la destruction totale de l'artillerie de l'assiégé, suit nécessairement la rapidité des succès de l'assiégeant.

L'on sent combien des causes si différentes, doivent produire d'effets différents. Cependant si l'on en veut croire les opposans à cette nouvelle méthode, ces effets seront les mêmes ; encore vont-ils jusqu'à prétendre que la défense, bien loin d'y gagner, y aura perdu. Mais comment le prouvent-ils ? c'est en formant sur le papier, devant le nouveau ſyſtême, des attaques ſemblables à celles en uſage devant l'ancien. C'eſt en ſuppoſant que ces attaques chemineront avec plus de rapidité encore, ſous un feu de canons vingt fois ſupérieur, qu'elles ne le font dans les ſiéges des places anciennes, dont le feu a été totalement éteint. C'eſt en ſuppoſant de même, que l'artillerie de l'aſſiégeant ſera conſervée toute entière, malgré les 20 pièces de l'aſſiégé, couvertes ſous de bonnes voûtes, contre une de l'aſſiégeant découverte. C'eſt en regardant enfin comme nuls les effets de ces vingt pièces de l'aſſiégé contre une. Ce font donc de pareilles ſuppoſitions, quoiqu'entièrement inadmiſſibles, qu'ils emploient avec aſſurance, & ſur leſquelles eſt fondée la critique qu'ils ont publié contre cet ouvrage, après avoir gardé à ſon ſujet, pendant dix ans, un ſilence abſolu. C'eſt ainſi qu'en perſiſtant à n'admettre que le ſyſtême baſtionné dans leurs conſtructions, ils perpétuent tous les avantages que l'attaque a pris depuis cent ans ſur la défenſe. Mais ſi ce ne font que de vaines allégations, & que l'ouvrage dont il s'agit ſoit fondé ſur des principes certains, il en réſultera, qu'ayant regardé comme glorieux à la Nation d'avoir perfectionné l'art fatal de détruire, quel degré de gloire ne lui ſera-t-il pas dû, pour avoir enfin porté à ſon dernier degré celui de conſerver ? La défenſe devenue ſupérieure à l'attaque, ne peut manquer de faire époque dans les faſtes des Nations, puiſqu'en aſſurant les propriétés, elle fondera à jamais la ſécurité de tous les peuples.

Quels font donc les obſtacles qui peuvent, depuis plus de quatorze ans, s'oppoſer à un ſi grand bien ? L'intérêt particulier très-mal entendu de quelques chefs d'un Corps, qui profitent de l'inſouciance des perſonnes en place, pour perpétuer des méthodes dont ils penſent devoir tirer leur conſidération ; comme ſi, faiſant exécuter de meilleures choſes, ils ne releveroient pas leur état, en proportion de l'utilité dont ils deviendroient.

Mais, non, l'on continuera de toutes parts, à faire auſſi mal & auſſi chèrement tout ce qui ſera fait, tant qu'une autorité ſupérieure n'en ordonnera pas autrement ; & comment pourroit-elle faire ceſſer des maux que le régime actuel ne lui permet pas de ſavoir ! Ce régime ; tel qu'il eft, s'oppofe abfolument à ce qu'elle puiffe jamais être mieux inftruite.

Toutes les fortifications du Royaume étant entiérement fous la direction du Corps du Génie, attaché irrévocablement à fes anciennes méthodes ; l'Adminiftrateur ne peut connoître le véritable état où elles fe trouvent, ni ce qu'elles peuvent avoir de défectueux, que par les rapports que les différens Officiers de ce Corps jugent à propos d'en faire. Ainfi ils peuvent croire & donner pour néceffaire ce qui ne l'eft nullement. Ils peuvent faire conftruire les plus mauvais ouvrages, en les donnant pour être excellents. Ils peuvent faire les fautes les plus effentielles, fans qu'elles puiffent être connues ; car eux feuls projettant tout, exécutant tout, eux feuls auffi voyant tout, il faut néceffairement qu'eux feuls foient les oracles auxquels on puiffe croire.

Cet expofé fuffit pour faire connoître les fâcheufes conféquences qui peuvent réfulter d'un tel état des chofes, ce qui s'eft paffé à Cherbourg, faifant le principal objet de ce Mémoire, en fervira d'une preuve convaincante.

Un Officier d'Artillerie fort appliqué étant venu chez moi, au mois de Juin dernier, avec les plans du Fort-Royal, exécuté à Cherbourg, d'où il arrivoit ; défira s'en entretenir avec moi pour fixer fon opinion fur les défauts dont il avoit cru s'appercevoir. Cet Officier très-inftruit de mes méthodes, me laiffa fes plans pour en prendre des copies, afin que je puffe les examiner à loifir, & lui en dire mon fentiment.

Mais ces plans me firent bientôt connoître avec une véritable peine, les fautes capitales faites dans leur exécution, ainfi que les grandes dépenfes qu'elles ont dû occafionner.

J'ai démontré l'un & l'autre à l'Académie Royale des Sciences, par un Mémoire que j'y ai lu le 29 Juillet dernier 1789, & je n'ai pas manqué d'en rendre compte à M. le Comte de la Tour-du-Pin. J'ai eu l'honneur de lui mander dans ma lettre du 10 Août fuivant, que j'avois démontré dans ce Mémoire :

1°. Qu'ayant cherché à imiter mes casemates au Fort-Royal de Cherbourg, on les avoit mal imitées.

2°. « Que ce fort ne peut donner que vingt-quatre coups de » canons par décharge sur le point de la rade qu'il défend le mieux ; » tandis qu'en suivant mes méthodes, il eût pu en donner jusqu'à » quatre-vingt-douze.

3°. » Que les embrasures des batteries casematées de ce fort, » n'ayant point été tracées suivant la théorie que j'ai donnée dans mon » ouvrage, les Canoniers y sont plus exposés, & les canons plus » faciles à démonter que dans des batteries à ciel découvert, ce qui » rend la dépense de semblables casemates inutile.

4°. » Qu'on a compliqué sans nécessité la construction de ce fort » au point qu'on y a fait entrer plus de huit mille toises cubes de » maçonnerie de plus qu'il n'eût dû y entrer, en se conformant aux » proportions que j'ai données dans mes méthodes, puisqu'il en con- » tient plus de douze mille, & qu'il eût pu n'en contenir que trois » mille six cent.

5°. Enfin, que les changemens qu'on a fait aux affûts à aiguille » de mon invention, que j'ai fait exécuter à l'île d'Aix, y sont » nuisibles ».

J'ai ajouté dans ma lettre à ce Ministre, « que le Fort de Quer- » queville étant encore à exécuter, comme il doit être beaucoup » plus considérable, si l'on a suivi dans son projet la même mé- » thode, il coûtera trois fois ce qu'il pourroit coûter, & sera » beaucoup moins fort qu'il ne pourroit être dans mes principes. » Que j'avois, depuis long-tems, fait le projet d'un fort pour ce même » emplacement, *que s'il jugeoit à propos de me faire communiquer* » *le plan du projet qui doit s'exécuter, je lui démontrerois les défauts* » *de celui-ci, & les avantages de celui qu'on pourroit y construire en* » *suivant d'autres principes* ».

Mais M. le Comte de la Tour-du-Pin n'a pas jugé à propos de me faire communiquer ce plan, il a préféré d'envoyer ma lettre à M. de Caux, Directeur des fortifications à Cherbourg ; & cet Ingénieur, au lieu d'envoyer les plans nécessaires pour démontrer les erreurs dans lesquelles je pourrois être tombé, s'est borné à contredire mes observations par une lettre dont le Ministre m'a mandé le contenu le 8 du mois de Novembre dernier.

Or une lettre de M. de Caux au Ministre, destinée à réfuter les objections que j'ai faites sur ses constructions, est une pièce *probatoire*, qui constate l'état où se trouve en ce moment, l'art des fortifications chez ceux chargés d'en diriger les opérations. Il est donc très-essentiel de réfuter chaque partie de cette lettre qui peut contenir une erreur, pour prouver & faire connoître toutes les fautes que ces Messieurs doivent faire tant qu'ils s'en tiendront à leurs anciennes opinions.

Mais pour n'être pas d'accord sur les principes avec M. de Caux, je ne reconnois pas moins tout le mérite de cet ancien Officier. Personne n'est plus persuadé que moi de toute sa capacité, mais ses occupations l'ont sans doute empêché de prendre une suffisante connoissance de mes méthodes, de façon qu'il s'est trompé en les exécutant, de même qu'il s'est trompé encore en voulant défendre la manière dont il les a exécutés. Personne n'eût été plus capable que lui de les perfectionner, s'il les eut suffisamment connues, & que ce qu'il a fait d'après lui, eût été plus réfléchi. Mais comme j'ai mis beaucoup plus de tems à toutes mes combinaisons, qu'il n'a pu en mettre, il suit qu'avec bien moins de talens, j'ai pu mieux faire; c'est une justice que je rends ici, à lui comme à moi.

Voici donc ce que M. de Caux écrit à M. le Comte de la Tour-du-Pin, avec mes observations sur chacun des articles de sa lettre.

TEXTE.

Il dit : 1. « Que les détails qui m'avoient été donnés sur le Fort-» Royal de Cherbourg lui paroissoient peu exacts ».

OBSERVATION.

1. M. de Caux ne peut s'être apperçu que les renseignemens qu'on m'avoit donné n'étoient pas exacts, qu'en vérifiant sur ses plans leur inexactitude; dans ce cas, que n'a-t-il envoyé ses plans pour en servir de preuve, & puisqu'il ne l'a pas fait, c'est qu'il n'a pu le faire. De-là l'on ne peut douter que mes reproches sur ces forts ne soient fondés.

TEXTE.

2. « On n'a point cherché à imiter mes casemates » (dit M. de Caux), « elles sont, suivant lui, d'une origine trop ancienne, pour » que personne aujourd'hui puisse se les approprier ».

OBSERVATION.

2. Ceci n'étant qu'un subterfuge pour éluder la vérité, laisse à présumer qu'on est peu disposé à la faire connoître. Les casemates de Cherbourg ne sont point d'anciennes casemates, ce sont mes nouvelles casemates que je prouve avoir été mal imitées. Ce sont les miennes, parce qu'on ne peut citer un seul endroit au monde où il en ait été exécuté de semblables avant l'année 1776, époque où mon ouvrage a paru, dans lequel elles se trouvent gravées. Ce sont les miennes, parce que MM. les Officiers du Génie ayant reconnu celles faites anciennement d'un usage impraticable, les avoient proscrites depuis plus d'un siècle, & la preuve qu'ils les regardoient comme telles encore en 1763, c'est que M. Filley, dans son projet fait cette même année pour défendre la rade de l'île d'Aix, n'a employé qu'une batterie à ciel découvert de la nature de celles qui défendent la rade de Brest & tant d'autres aussi mal défendues. Or j'en ai donné d'une nouvelle construction en 1776, j'en ai fait exécuter en 1779, à l'île d'Aix, qui ont été éprouvées avec le plus grand succès. Ce succès & l'ouvrage que j'ai publié ont détruit l'ancien préjugé du Corps contre toutes les casemates, & il en a fait exécuter pour la première fois à Cherbourg. Elles sont dans la même forme que celles qui se trouvent planches V, VI & IX du premier volume, & planches XX, XXI, XXII, XXIII & XXIV du deuxième volume *de la Fortification Perpendiculaire*. On laisse à décider à qui en est dû l'idée. Mais elle a été mal conçue & mal imitée, c'est ce que j'ai rigoureusement démontré dans mon Mémoire lu à l'Académie.

TEXTE.

3. « C'est à dessein (dit M. de Caux) qu'on a adopté d'autres » proportions, & les différences qui s'y trouvent y ont été observées » pour remplir d'autres vues ».

OBSERVATION.

3°. Si les changemens que M. de Caux a jugé devoir faire à mes casemates donnent aux siennes quelqu'avantage de plus, il a bien fait; mais au contraire il a mal fait s'ils en donnent moins. Or c'est le dernier que j'ai prouvé. Il falloit faire exactement mes casemates, ou en faire de meilleures : on ne peut éluder cette obligation, elle est de rigueur; celles exécutées sont prouvées moins bonnes. L'a-t-on fait exprès? Non sûrement, nous en réponderions; c'est donc faute d'avoir eu à cet égard des connoissances suffisantes. Cette partie de l'art de fortifier, absolument nouvelle, puisqu'elle n'a existé jusqu'à présent nulle part, n'a point été étudiée par ceux qui ont voulu l'exécuter pour la premiere fois. Remplis de confiance pour leurs lumières & de mépris pour celles d'un ancien Officier général étranger au Corps, ces Officiers ont regardé comme indifférentes les dispositions les plus essentielles de ces sortes de constructions. Ce n'est qu'après l'exécution du premier fort sur le rocher du Houmet, qu'ils se sont apperçus de leurs fautes, & ils entreprennent aujourd'hui de les justifier par de vains raisonnemens, par des phrases *insignifiantes*, débitées avec d'autant plus de confiance, qu'ils ont vécu jusqu'à présent dans la douce habitude de les voir toujours passer pour des axiômes venant de leur part.

TEXTE.

4. M. de Caux, dans la vue de me faire supporter une partie du blâme qu'il peut avoir encouru, « allègue que j'aurois pu m'ap» percevoir des défauts de ces forts, lorsqu'à mon passage à Cher» bourg en 1778, il m'en montra les projets. Que si j'avois jugé alors » qu'on se proposât d'exécuter inexactement mes méthodes, j'aurois » dû le redresser sur les fautes que je déplore aujourd'hui ».

OBSERVATION.

4. Je le redressai en effet dans le seul défaut dont il étoit possible que je m'apperçusse, celui du très-petit nombre de feux que ses forts projettés pouvoient donner sur la rade.

Lorsque

Lorſque je fus viſiter les côtes de France en Novembre 1777, & non en 1778, ſur les ordres que j'en avois reçu de M. le Comte de Maurepas, je paſſai à Cherbourg où j'eus l'honneur de voir M. de Caux. Mais il ne me donna point à examiner les projets des forts qu'il a fait conſtruire depuis ſur le Rocher du Houmet & ſur l'île Pelée; il me les montra ſeulement, en me diſant : « *qu'il n'y avoit* » *que les caſemates avec leſquelles on pût efficacement défendre les rades* ».

Comme ces Meſſieurs n'avoient point été juſqu'alors dans l'uſage d'en employer, qu'ils les regardoient, au contraire, comme impraticables, & qu'il s'en trouvoit dans mon ouvrage qui n'avoient aucuns des défauts reconnus dans les anciennes; je ne doutai pas un moment que ce ne fut les miennes que M. de Caux ſe propoſoit d'exécuter, leurs formes m'ayant paru à-peu-près ſemblables. Je n'étois point en droit de le faire expliquer là-deſſus; d'ailleurs, comment à la ſeule vue me ferois-je apperçu des différences qu'elles pouvoient avoir dans leur proportion avec les miennes. Ce n'eût été qu'avec le compas & la règle, ayant ſes plans & les miens ſous les yeux, & les comparant à tête repoſée dans tous leurs détails, qu'il eût été poſſible de reconnoître leurs défauts & de les démontrer tels. Le coup-d'œil rapide que je donnai ſur ces plans, me permit ſeulement d'appercevoir que les feux de ces forts ſeroient trop peu nombreux, & j'en fis l'objection à M. de Caux, qui les prétendit ſuffiſants. Je n'ai donc pu connoître les grandes différences dans les proportions, que lorſque depuis ſept à huit mois les plans & profils de ces forts m'ont été remis; ſur ces pièces, dès que je les ai eues, j'ai fait le Mémoire, lu à l'Académie le 29 Juillet dernier, où ils ſont démontrés. Je l'aurois fait de même avant que ces forts euſſent été exécutés, ſi l'on m'en eût remis les plans. Mais MM. les Ingénieurs ſe tiennent inviolablement dans des uſages contraires. Ne voulant pas s'expoſer à être contredits, ils ont pour principes de faire le plus grand ſecret de leurs compoſitions. C'étoit auſſi le principe des Miniſtres de Louis XIV, religieuſement obſervé par leurs ſucceſſeurs juſqu'à nos jours. Madame de Maintenon s'exprime ainſi fort plaiſamment dans ſes lettres : *En ſortant du Conſeil, on m'a demandé le ſecret* (dit-elle) ; *mais les objets qu'on y a diſcuté m'ont paru ſi ridicules, & les conclusions si fausses, que ce secret est bien plus utile aux Ministres qu'aux affaires.* Il pourroit bien en être de même de Messieurs les Ingénieurs ; le prétexte du secret, est d'en ôter la connoissance aux étrangers, quoiqu'on n'ignore pas que dès qu'une enceinte est élevée de quelques pieds hors de terre, mille ouvriers qui y travaillent, & tant d'autres qui voient le travail, en font des plans que tout le monde a bien-tôt.

Je n'approuvai donc point les forts que M. de Caux a fait exécuter à Cherbourg ; mais la vérité qu'il eût pu dire, est que je désapprouvai totalement son projet d'y faire une rade capable d'y recevoir nos flottes royales. J'eus l'honneur de lui écrire à ce sujet de Brest, le 8 de Novembre 1777, que je n'avois trouvé sur toutes les côtes & dans tous les Ports où j'avois été, qu'un sentiment unanime sur le peu d'étendue de la rade de Cherbourg, & le peu de profondeur de la mer : qu'on exigeoit au moins trente pieds d'eau à marée basse pour les vaisseaux du premier rang, qui ne se trouvoient qu'en dehors des caps, où ces vaisseaux ne seroient en sûreté ni contre l'ennemi, ni contre les efforts de la mer.

Qu'on vantoit, au contraire, par-tout la rade de la Hougue, très-spacieuse, où l'on trouve quarante-cinq pieds d'eau à basse mer.

M. de Caux me fit une réponse, le 24 Novembre suivant, où il persistoit dans son sentiment, sans détruire aucune de mes objections. Je le lui prouvai, par ma seconde lettre, du 22 Décembre ; mais il ne crut pas devoir répondre à cette derniere. Son projet fut soumis à l'examen d'autres personnes, entr'autres MM. de Fourcroy & Grognard ; il a été exécuté, l'on sait le succès qu'il a eu, & ce qu'on peut en attendre. Peut-être pourroit-on former aujourd'hui quelques regrets de n'avoir pas fait plus d'attention à ces lettres écrites à M. de Caux dès l'année 1777 ; elles sont remplies de détails d'une très-grande considération pour cet important objet, & M. le Comte de *Maurepas* en reçut des copies en même-tems qu'elles furent écrites.

TEXTE.

5. M. de Caux convient cependant, « que les premières exécutions

» ont donné lieu à des observations, qui *ont servi très-utilement à*
» *augmenter la perfection des ouvrages faits depuis.*

OBSERVATION.

5. Ainsi les premieres constructions, suivant M. de Caux lui-même, *ont été défectueuses.* On est donc en droit de lui demander pourquoi elles n'ont pas été tout d'un coup ce qu'elles devoient être, puisque les moyens en étoient imprimés & gravés depuis plusieurs années? On lui demandera de même pourquoi, dans les constructions exécutées depuis ces premières, ayant continuellement cherché à se rectifier, en approchant des modèles imprimés & gravés, il ne s'est corrigé qu'en partie, & qu'il y a laissé des défauts très-considérables qui ne se trouvent pas dans les modèles? Il n'étoit donc pas suffisamment instruit, & pourquoi ne l'étoit-il pas, puisqu'il en avoit les moyens?

TEXTE.

6. « Lorsqu'on en a été aux batteries supérieures (dit M. de Caux), » il lui a été proposé, par M. Meunier, Officier du Génie, un systême » général qu'il a adopté pour régler le travail des embrâsures, (il au» roit dû dire le tracé) de maniere *à obtenir le plus grand champ* » *possible, battu par les pièces*, & il a ordonné que ce systême fut » constamment suivi à l'avenir ».

OBSERVATION.

6. M. de Caux auroit dû savoir que le problême du meilleur tracé des embrâsures, ne consiste pas seulement à obtenir le plus grand champ de tir horisontal possible; mais qu'il faut encore que ce soit aussi, avec la plus petite ouverture possible. Le problême n'est résolu qu'à cette derniere condition; mais elle paroît avoir été ignorée à Cherbourg, & qu'on ne s'y est occupé que de procurer aux batteries hautes, un plus grand champ de tir en augmentant la grandeur des embrâsures, sans suivre aucun principe. On demandera donc encore ici à M. de Caux, pourquoi n'est-ce que lorsqu'il en a été aux batteries supérieures du Fort-Royal, qu'il a cherché à donner un meilleur tracé aux embrâsures? Pourquoi celles faites précédemment

ont-elles été si défectueuses ? Pourquoi n'a-t-il pas employé pour ces premières embrâsures le systême général de leur tracé, qui se trouvoit gravé dans les deux Planches XVII & XVIIIe du second Volume de la *Fortification Perpendiculaire* ? Pourquoi est-ce M. Meunier qui lui a présenté un systême général de ce tracé ? Pourquoi M. de Caux ne l'a-t-il pas comparé avec celui gravé cité ci-dessus. S'il en eut connu la théorie, il auroit reconnu que celui donné dans mon ouvrage étant bien plus avantageux devoit être préféré, & il auroit évité les défauts qui se trouvent dans les embrâsures exécutées sur le tracé que lui a présenté M. Meunier.

Mais il paroît que M. de Caux ne s'étoit pas mis en état de juger le mérite de mon tracé sur celui de M. Meunier ; il a accepté ce dernier, n'en connoissant point d'autre, & il a permis ainsi que les embrâsures prétendues corrigées, fussent plus défectueuses à d'autres égards que celles déja exécutées ; & cette vérité a été démontrée à l'Académie dans le Mémoire que j'y ai lu, le 29 de Juillet dernier.

On est donc toujours tombé d'erreur en erreur ; alors, c'est ne connoître qu'imparfaitement l'art que l'on professe, & ne se douter aucunement de son étendue. C'est sans doute parce que les embrâsures pratiquées dans des murs, ont formé de tous tems d'énormes entonnoirs propres à renvoyer toutes les balles dans l'intérieur des batteries, qu'on n'a pas manqué de construire de même celles de Cherbourg ; & quoique l'on ait acquis de grands moyens défensifs consignés dans un ouvrage, publié depuis plusieurs années, MM. les Ingénieurs dédaignant toute connoissance nouvelle, sont restés encore aujourd'hui au point où étoient ceux qui vivoient il y a deux cent ans.

Ils y sont, & ils y veulent rester, puisque M. de *Fourcroy* a imprimé dans son volume sur la Fortification Perpendiculaire (1), *que toute nouveauté proposée en fortification étoit une preuve certaine de l'ignorance de son auteur, parce que*, dit-il, TOUT EST TROUVÉ DANS CE

(1) Voyez le Mémoire sur la *Fortification Perpendiculaire*, par plusieurs Officiers-généraux du Corps du Génie, où le sens de ces mêmes expressions se trouve répété en nombre d'endroits, & nommément à la note *h*, page 38.

GRAND ART. Voilà où nous en sommes encore par les soins & l'éternelle influence de M. de *Fourcroy*.

TEXTE.

7. « *On ne sauroit* (dit plus bas M. de Caux) *diminuer l'ouverture* » *des embrâsures sans restraindre en même tems beaucoup l'espace décou-* » *vert par les pièces, le danger des coups d'embrâsures*, *est* (dit-il) » *bien avantageusement balancé par le danger plus réel que les propor-* » *tions adoptées pour ces embrâsures feront courir aux vaisseaux enne-* » *mis* ».

OBSERVATION.

7. M. de Caux se trompe encore dans tout ce qu'il dit ici, par la même raison qu'il s'est trompé plus haut, cette raison est qu'il ignore ce dont il parle; car je dis, tout au contraire, qu'on peut diminuer cette ouverture en augmentant l'espace découvert par les pièces, (espace qui s'appelle *le champ de tir horisontal de l'embrâsure*). C'est ce que ma théorie a démontré à ceux qui la connoissent, en voici la preuve.

Les embrâsures de la batterie basse du Fort-Royal n'ont de champ horisontal que 62 degrés, & elles ont cependant 8 pieds de largeur, tandis que dans mon Mémoire lu à l'Académie, j'ai donné le tracé d'une embrâsure de 75 degrés de champ horisontal, ce qui fait 13 degrés de plus, qui n'a que 4 pieds de largeur extérieure, ou la moitié de celle que M. de Caux a fait exécuter. Il pensoit suivre le systême général du meilleur tracé des embrâsures, tandis qu'il ne suivoit qu'une production imparfaite de M. Meunier, qu'il a regardé comme une savante théorie, & l'on voit par sa lettre qu'il est encore persuadé d'en avoir obtenu de grands avantages.

Non; je l'ai dit, & prouvé; je le dirai & le prouverai, chaque fois que j'en serai requis. Les différentes embrâsures exécutées jusqu'à présent à Cherbourg, sont toutes défectueuses, au point d'être moins avantageuses pour la conservation des canons & des Canoniers, que celles à merlon & à ciel découvert. Toutes ces constructions rappellent (je le répète & ne saurois trop le répèter) celles qui ont pû être faites il y a deux cent ans. L'art, tel qu'il exiſte aujourd'hui, conſigné dans un ouvrage publié depuis quatorze ans, eſt entièrement ignoré par ceux qui ont à le pratiquer; ou bien ils ne l'ont pas compris; ou bien ils ne le veulent pas comprendre. Je n'entreprendrai point de décider dans lequel de ces cas ils ſe trouvent, mais ce que je ſuis en droit de conclure, c'eſt que l'État en eſt on ne peut plus mal ſervi, & que le Miniſtère ne peut jamais être juſtifié de l'avoir ſouffert.

TEXTE.

8. M. de Caux obſerve de plus pour ſe diſculper du reproche que je lui ai fait d'avoir donné différentes épaiſſeurs & différens taluds extérieurs à des murs de ſes forts d'une égale élévation, « *que la » hauteur des maçonneries n'étoit pas le ſeul principe à conſulter pour » règler leur épaiſſeur, que l'action inégale de la mer ſur les parties » différemment expoſées, a ſervi beaucoup à déterminer cette épaiſſeur* ».

OBSERVATION.

8. Il n'eſt point vrai encore, que les efforts plus ou moins grands de la mer ſur certaines parties des murs d'un fort, doivent ſervir à déterminer leur épaiſſeur, & que ce ne ſoit pas proportionnellement à leur hauteur, qu'elle doive être fixée, parce que l'épaiſſeur uniforme ne doit être établie que depuis le niveau où les plus hautes eaux peuvent frapper, tout ce qui eſt au-deſſous doit être renforcé par des contre-murs en avant plus ou moins épais, deſtinés à ſupporter & rompre les efforts de l'eau; ces différentes épaiſſeurs ſont locales & ne ſont employées que où on les juge néceſſaires. Mais tous les murs qui doivent être élévés au-deſſus des plus hautes eaux, doivent avoir des épaiſſeurs abſolument ſemblables, & leurs taluds extérieurs uniformément proportionnels à leur hauteur. Ne pas s'y conformer, c'eſt n'avoir aucuns principes fixes de conſtruction, & les forts ſur le rocher du Houmet & ſur l'île Pelée en fourniſſent nombre d'exemples.

TEXTE.

9. M. de Caux ajoute « *que je suis bien éloigné pour pouvoir juger* » *d'ouvrages aussi importans, sans autre guide que des plans & profils* » *probablement infidèles. Qu'il en juge par le nombre de pièces que je* » *donne comme le plus grand que l'on puisse réunir sur le même point.* » *Que des détails plus exacts m'auroient montré que ce nombre pour-* » *roit très-bien être double* ».

OBSERVATION.

9. J'ai dit dans ma lettre au Ministre, communiquée à M. de Caux, que le Fort-Royal ne pouvoit donner que vingt à vingt-quatre coups de canon par décharge sur le point de la rade, où il en pouvoit donner le plus (1). J'en ai jugé sur des copies très-fidèlement faites sur les plans originaux des Ingénieurs. Ces plans contiennent les tracés des embrâsures cottés & dessinés en grand, & ces plans méritent toute confiance. M. de Caux répond : « *que par des détails exacts,* » *on démontre que ce nombre peut très-bien être doublé* ». Si cela étoit vrai, il lui eût été bien aisé de le prouver par des plans qu'il eût envoyé d'une partie en grand de la circonférence du fort, où il eût exprimé très-exactement les embrâsures avec les ouvertures du nombre de degrés qu'elles ont dans l'exécution. Dans mon calcul je les ai établi ouvertes de soixante-quinze degrés, & je suis certain que celles de la batterie basse n'en ont que soixante-deux. J'ai la distance des pièces entr'elles ; ainsi il faudroit que M. de Caux produisît un plan, où, dans ces mêmes proportions, il se trouvât le double de coups à réunir par décharge sur le même point de la rade, c'est ce que je suis certain qu'il ne peut être ainsi ; c'est encore une assertion faite avec pleine connoissance qu'elle n'est pas juste, mais seulement dans le dessein de faire illusion & de contredire, afin d'avoir l'air de réfuter, ne pouvant le faire réellement. Ces sortes de réponses se font par ces Messieurs, à un Ministre, dans la certitude que l'expérience

(1) Dans d'autres points, il n'en donne que six & trois, tandis que celui projetté, suivant mes méthodes, en donne par-tout quatre-vingt-douze, & jusqu'à quatre-vingt-seize.

leur a donné, qu'il n'ira pas à la vérification. Elles sont l'effet de l'habitude où jusqu'à présent Messieurs les Ingénieurs ont été d'être crus sur parole. Cette conduite peut être utile pour les sortir d'embarras, mais elle est difficile à justifier.

TEXTE.

10. M. de Caux finit sa lettre au Ministre : « Non, en consentant que les plans que j'avois demandé me fussent communiqués; » mais en éludant ma demande ; & il lui répond qu'il est bien » difficile que j'aie pu faire, suivant mes méthodes, un projet (pour » le cap de Querqueville) convenable au terrein, qu'il feroit indis» pensable que mon projet lui fut envoyé pour le discuter avec le » même soin que l'a été celui dont le Roi a ordonné l'exécution, & » qu'il pourroit même être fort utile pour terminer à la fois toutes » les discussions, que je voulusse me transporter moi-même à Cher» bourg ».

OBSERVATION.

10. Ainsi j'avois demandé des plans avoués de ces Messieurs pour être comparés aux miens, afin de reconnoître d'une maniere certaine la vérité des défauts qui se trouvent dans les forts exécutés. Mais, que leurs plans soient communiqués à quelqu'un en état de les juger, c'est ce qui est impossible à obtenir d'eux d'abord, & apparemment des Ministres aussi, puisque jusqu'à présent aucun n'a voulu ordonner cette communication. De cette façon, la vérité n'est jamais connue ; le mal qui s'est fait, se fait & se fera toujours, tant qu'on ne suivra pas une autre route.

A tous les raisonnemens *insignifiants* de M. de Caux, dont M. le Comte de la Tour-du-Pin a jugé à propos de m'informer, par sa lettre du 8 du mois de Novembre, je me suis borné en finissant ma réponse, à dire :

« Je ne vous ferai point un volume ici, M. le Comte, pour » réfuter les allégations de .de Caux, ce sont avec ces Messieurs » des discussions indéterminables. Il y en a déja de leur part un » volume grand in-4°, ceci apparemment en feroit un supplément.

Si

« Si vous voulez qu'enfin le bien soit fait ; si vous voulez que la » force se trouve réunie avec l'économie dans les nouvelles construc» tions qui sont à exécuter à Cherbourg, ordonnez que M. de Caux » & M. Meunier se rendent ici avec leurs Plans & Mémoires, alors je » m'engage de démontrer irrésistiblement au Comité Militaire, en » votre présence, ainsi qu'en la leur, tout ce que j'ai démontré à » l'Académie, & avancé dans la lettre que j'ai eu l'honneur de vous » écrire le dix Août dernier.

» C'est de cette seule façon, Monsieur le Comte, qu'on peut » terminer de frivoles discussions, & arrêter le mal qu'aucuns des » Ministres, vos prédécesseurs, non-seulement pas voulu connoître. » Il seroit tems cependant qu'il ne fût plus permis d'avoir raison en » soutenant que le noir est blanc, ni que l'État souffrît davantage d'er» reurs aussi préjudiciables ».

Cette lettre est restée sans réponse de la part du Ministre.

Il est donc évident que les choses ne peuvent subsister telles qu'elles sont, sans qu'il en résulte les plus fâcheuses conséquences. De tous côtés on prodigue l'argent pour faire à grands frais de très-mauvais ouvrages. Au Havre, par exemple, on a démoli trois fronts de la Citadelle ; on a démoli de même toute l'ancienne enceinte de la Ville, pour en faire une nouvelle beaucoup plus étendue, & encore plus foible que n'étoit celle qu'on a détruit. On porte cette enceinte à plus de deux cent toises en avant du bastion appellé *de la Musique*, joignant le bourg d'Ingouville, & n'étant plus qu'à environ deux cent toises des hauteurs qui dominent ce bourg, & dont par conséquent cette nouvelle enceinte sera plongée. On dit, à la vérité, que le projet est de les occuper par un fort qu'on se propose d'y construire. Mais quel fort sera-ce ? Dans les méthodes pratiquées jusqu'à présent ils sont d'une très-foible défense, ou pour les rendre un peu moins mauvais, il faut y dépenser des sommes considérables. Il seroit donc très-important de connoître le projet du Havre dans toute son étendue, pour le borner & lui donner tous les avantages que nous offrent les nouvelles méthodes, sur-tout ceux de l'économie.

Il y a également des projets pour Dunkerque, où l'on dit qu'on s'est hâté de réédifier le *Risban*. Il en a donc coûté beaucoup pour n'avoir qu'une énorme maçonnerie, qui n'offre pour défense qu'une batterie à ciel découvert, placée sur sa platte forme-supérieure. Il y a long-tems que j'ai fait un projet pour Dunkerque, que j'ai chez moi en plans & en relief. Il réunit de grands avantages, tant pour sa défense que pour les objets de son commerce, même d'une Marine Royale, si la Nation jugeoit à propos de s'en ménager les moyens pour les tems où il lui conviendroit d'en faire usage.

CONCLUSION.

De tout ce qui précéde on voit, que la partie des Fortifications du Royaume demande la plus sérieuse & la plus prompte attention de la part de l'Assemblé Nationale, & particuliérement de la part du Comité militaire; qu'il ne peut trop se hâter de prendre connoissance des différens projets relatifs à Cherbourg. J'ai démontré, relativement à celui-ci, dans mon Mémoire lu à l'Académie sur les casamates exécutées au fort Royal, que l'intérieur de ce fort est enfilé de tous les sens, qu'il est vû à dos dans la plupart de ses batteries, de façon à en rendre la défense impossible. Si l'on a fait les mêmes fautes dans celui que l'on bâtit actuellement au cap de Querqueville, il lui sera également impossible de résister à la moindre attaque. J'avois demandé la communication du plan de ce fort, on me l'a constamment refusé. Ce sera encore une dépense faite pour n'être d'aucune utilité à la défense de la côte, il en est de même de celle faite pour l'exécution des projets du Havre, de Dunkerque, & de même de ceux qui peuvent exister pour nos Colonies. Il ne feroit pas moins important que ces derniers fussent soumis au même examen. Il s'est passé à cet égard des choses inouies à l'île de France. On y a construit trois fronts bastionnés à plus de trois cent toises en avant de la ville du Port-Louis, entièrement ouverte dans tout son pourtour, de manière que ces trois fronts bien revêtus en bonne maçonnerie, qu'il faudroit abandonner dès que l'ennemi auroit mis le pied dans l'île, ont coûté plus que n'auroit coûté le projet que j'ai fait depuis long-tems pour fermer toute la ville, & occuper les montagnes qui la dominent. Quand le plan de cet étonnant travail me fut remis, je ne pouvois le croire : si le Comité jugeoit à propos de le voir, il en seroit sûrement aussi étonné que j'ai pu l'être. Sans doute qu'il existe bien d'autres choses semblables que j'ignore, car ce ne sont que des hasards qui m'en procurent la connoissance. Un travail constant de plus de trente années sur tout ce qui est relatif aux Fortifications, connu de chacun des Ministres qui se sont succédés; la réussite de tout ce que j'ai eu à exécuter suivant mes nouvelles méthodes, soit à l'île d'Oléron en 1761, soit à l'île d'Aix en 1779 (1), n'ont pas été pour eux des motifs suffisans pour leur faire naître le desir de savoir ce que je pourrois penser de ces différens projets. Ils n'ont pu se dissimuler qu'un de leurs premiers devoirs est d'examiner scrupuleusement tout ce qu'ils ont à ordonner, & sur-tout d'entendre les différens avis pour ne se déterminer que pour le plus vraisemblablemenr bon. Mais bien loin de ne jamais rien demander, ils ont toujours refusé de m'entendre; ils n'ont songé à me consulter qu'en deux occasions, en 1761, pour mettre en état de défense l'île d'Oléron, & en 1779 pour fortifier l'île d'Aix. Mais l'état de guerre où l'on étoit à ces deux époques leur en faisoit une nécessité, car la foi qu'ils avoient voué à leurs oracles ordinaires leur devenoit inutile; ces oracles étoient muets dans les cas semblables. Alors on a eu recours *à l'empirique*; & quoiqu'il ait toujours guéri son malade, on en a été si honteux, qu'on s'est hâté de revenir à l'ancien culte, dès que le besoin a été passé, & tout a continué à aller aussi mal que ci-devant.

Voici la réponse que je reçus d'un Ministre à ce sujet; on me dis-

(1) Ces succès sont prouvés par les lettres de M. le Duc de Choiseul & de M. le Maréchal de Senecterre, en 1761, imprimées au troisieme volume de la Fortification Perpendiculaire, & par les lettres de M. le Marquis de Voyer & de M. le Marquis de Ségur, en 1781. Cette dernière fut écrite de la part du Roi au Marquis de Montalembert, pour lui marquer sa satisfaction du succès qu'avoit eu l'épreuve faite du Fort de l'île d'Aix. Voyez le procès-verbal de cette épreuve, pag. xxxix du cinquieme volume de la Fortification Perpendiculaire.

penſera de le nommer. « Je vois bien tous les avantages de ce projet » ſuivant votre méthode (me dit-il); mais je ne vous cacherai pas » combien je répugne à le faire exécuter; car enfin en laiſſant aller » les choſes comme elles ont été avant moi, je ne ſuis reſponſable de » rien, je ne ſuis pas obligé à faire mieux; au lieu qu'en admettant » des nouveautés, quelques bonnes qu'elles fuſſent, il y auroit tant » de perſonnes intéreſſées à en dire du mal, qu'il s'en éléveroit un cri » public contre moi, qu'il eſt toujours dangereux d'exciter dans des » places telles que celle que j'occupe ».

Ce ſont donc les intérêts particuliers des perſonnes en place qui s'oppoſent le plus ſouvent au bien général. Etant toujours incertains ſur la durée de leur règne, ils ne s'occupent que des affaires courantes dont chaque département eſt ſurchargé. Le tems leur manque, ſi ce n'eſt les lumières, pour acquérir ſur chaque partie des connoiſſances ſuffiſantes. C'eſt ainſi que les meilleurs projets ſur la défenſe de nos frontières ont été repris & laiſſés tant de fois par chaque Miniſtre, mais jamais aucuns n'ont été définitivement arrêtés. Les travaux faits ſur cette importante partie en plans & cartes particulières ſont fort grands: il y a peu de Miniſtres, qui n'en aient ordonné, & qui n'aient ſacrifié à ce travail des ſommes conſidérables. Pour ce qui me regarde, je puis citer les différens ordres que j'ai reçus des différens Miniſtres de la Marine, pour leur donner des projets relatifs à la défenſe de nos établiſſemens dans l'Inde. Ces projets ont été faits & approuvés, toutefois ſans avoir reçu aucune rétribution; mais tous ces actes de bonne volonté de ces Miniſtres ne ſe ſont jamais terminés par aucune déciſion de leur part. Nous avons perdu, reperdu, & enfin abandonné Pondichéri, après y avoir dépenſé dix fois plus qu'il n'eût fallu pour le conſerver à jamais, & c'eſt de cette façon qu'il ſe trouve dans les bureaux de la Marine, & ſur-tout au dépôt de la Guerre, des choſes précieuſes qui y ſont enfouies au milieu d'un grand nombre d'inutiles; tout y eſt entaſſé & mis au même rang. Juſqu'à préſent il n'eſt permis à perſonne d'exploiter cette mine, dont pluſieurs filons peuvent ſe trouver très-riches. Des intérêts particuliers paroiſſent encore ici être l'unique cauſe de l'impénétrabilité de ces différens dépôts.

Mais comme l'Assemblée Nationale n'a d'autre intérêt que celui de procurer les plus grands avantages à l'État, & qu'il n'en est point de plus grand que celui de rendre ses frontières impénétrables avec le moins de dépense possible. Le moment semble arrivé où l'on pourra enfin commencer l'exécution de ce grand & très-important projet, de mettre nos places en bon état de défense, ainsi que nos frontières, & que l'on ouvrira les sources où l'on pourra puiser les connoissances déja acquises relativement à ces importants objets.

Quant à celui de nos frontières, j'ai donné un projet de lignes permanentes, planche XII du IVe volume de la Fortification Perpendiculaire, qui comprend tout le cours de la rivière de *Lauter*, & ferme entièrement la basse Alsace. Cette méthode peut servir d'exemple & s'appliquer avec la plus grande facilité à toute l'étendue des frontières, en profitant des rivières & des différentes hauteurs qui se trouvent commander le pays dans les montagnes. Rien n'est plus simple & d'une application plus facile que cette méthode, & rien ne seroit plus difficile à franchir que de semblables lignes, puisqu'elles exigent le siège de différents forts, capables d'une plus grande résistance que nos plus fortes places de guerre, car chaque fort ne pouvant être investi sans être sous le feu d'un autre fort, il en résulte que leurs garnisons peuvent être renouvellées aussi souvent qu'on le jugera nécessaire, & que tous leurs feux étant couverts sous de bonnes voûtes, les troupes nationales du pays y seront également propres, avantage qui doit être d'une très-grande considération, puisque le nombre des troupes réglées pourra être de beaucoup diminué, & que ces sortes de troupes pourront être portées par-tout où les besoins de la guerre pourront l'exiger.

Ces lignes suivroient le cours des rivières & des ruisseaux avec les écluses nécessaires pour en former des canaux de navigation dans tous les endroits où le terrein le permettroit, & la plus grande partie de nos frontières se trouve si heureusement disposée à cet égard, que depuis la rivière du Doux en Franche-Comté, on peut établir une navigation dans toute l'Alsace jusqu'à Landau, & de-là après un petit espace à traverser dans les montagnes de la Lorraine, on peut établir de même des canaux de navigation depuis la Sarre jusqu'à Dunkerque; toutes également défendues par le même système de lignes dont j'ai donné un exemple gravé, ainsi qu'il vient d'être dit. La possibilité de tous ces canaux de navigation a été reconnue par des nivellemens faits à différens tems. J'en connois, dont le travail est fait dans un grand détail; & comme dans le nouvel ordre de choses qui va résulter des Décrets de l'Assemblée Nationale, chaque Province aura à s'occuper de tout ce qui pourra assurer ses possessions & augmenter son commerce, on ne peut douter que lorsqu'elles auront pour leurs frontières, un système de défense aussi certain, & des moyens aussi avantageux pour le débouché de leurs denrées; elles ne hâtent, par tous les moyens possibles, l'exécution & des lignes & des canaux destinés à border leurs frontières. Je ne pense pas que personne puisse disconvenir de la grande utilité qui résulteroit de l'exécution d'un pareil projet.

Mais ce seroit tomber dans une grande erreur, si l'on se persuadoit que l'Assemblée Nationale n'a point à s'occuper de la manière dont ses Décrets seront exécutés, lorsqu'elle aura cru devoir ordonner telle somme pour telle partie, il importe essentiellement qu'elle soit dépensée le plus économiquement & le plus utilement possible; il faut par conséquent qu'elle surveille l'emploi. On a tant de fois abusé les Ministres les mieux intentionnés, qu'on a tout à redouter pour l'avenir; si la forme reste la même; si MM. les Officiers du Génie, toujours amoureux de leurs projets, parce que telle est la marche de la nature, n'ont d'autres contradicteurs que des Ministres, qui conviennent de bonne-foi n'y rien entendre, de mauvais projets excessivement coûteux seront ordonnés, les fonds seront consommés, & les frontières n'en seront pas mieux défendues. Que l'état des finances eût permis d'exécuter le projet de feu M. Filley pour l'île d'Aix, d'une forteresse à *Mézatecstre*, dont le devis montoit à 16,152,646 livres, on n'auroit eu qu'une très-mauvaise forteresse déclarée telle par MM. les Officiers du Génie dans l'ouvrage qu'ils ont fait imprimer sur la Fortification Perpendiculaire, & que j'ai démontré être de la plus foible défense, tandis qu'avec cette même somme, en suivant d'autres méthodes, pour la dixième partie de cette dépenſe, on eut pu avoir une force dix fois plus grande; c'eſt encore ce que j'ai prouvé dans mes différens ouvrages.

Ce ſeroit de même une autre erreur de ſuppoſer que l'Aſſemblée Nationale n'auroit pas les connoiſſances ſuffiſantes pour en diriger l'exécution. Dès qu'elle aura à faire uſage de celles de ce genre pour l'utilité publique, ceux de ſes Membres dont le goût & l'état les porteront à s'occuper de ces objets, ſeront bientôt initiés dans les myſtères d'une ſcience qui n'en a jamais renfermé aucuns, que ceux qu'un deſir de ſe rendre plus recommandables a pu faire ſuppoſer. Pour tracer un front baſtionné, le premier Arpenteur peut le faire, il lui ſuffit de ſavoir qu'il faut, autant qu'il eſt poſſible, défiler ſes ouvrages des hauteurs voiſines, ſavoir; que pour que chaque front ſoit en bonne proportion, le côté du polygone doit être de 180 toiſes, la perpendiculaire de $\frac{1}{6}$ du côté, & la face du baſtion de $\frac{2}{7}$ de ce même côté, & tout Entrepreneur de bâtiment peut élever en très-bonne maçonnerie les murs de revêtement de ſes remparts. Il ne faut pas croire aux connoiſſances ſublimes de ceux qui ont changé les proportions des flancs & des faces des baſtions, ce qu'ils n'ont pas manqué d'appeller leur ſyſtême. La plus petite différence dans quelqu'une de ces parties, a ſuffi pour faire un nom à ſon auteur. Mais croyez que de tous ces différens ſyſtêmes baſtionnés, enfantés depuis deux cent ans, on en peut donner le choix indifféremment, & que tout jeune homme doué de quelqu'intelligence, en ſortant des mains de ſon Maître de Mathématiques, en fait autant à cet égard, qu'aucun de MM. les Officiers du Génie. Les Membres de ce Corps, rempli d'excellens Officiers, quoique compoſé de bons Géomètres, & de perſonnes d'un vrai mérite, n'ont ſur le tracé de leur ſyſtême, aucune connoiſſance qui ne leur ſoit commune, non-ſeulement à tous les Ingénieurs de l'Europe, mais même à tous ceux des Militaires, qui ont eu la curioſité de parcourir quelques-uns des mille & un traité de Fortification, qui ne contiennent tous que la même choſe. Chacun des Membres de l'Aſſemblée Nationale, pourra donc être au pair ſur les conſtructions baſtionnées ; avec ceux dont l'état eſt de s'en occuper principalement ; & lorſqu'il aura reconnu, qu'on n'a pour la défenſe des places qu'une artillerie, qu'il eſt impoſſible de conſerver dans tous les ſyſtêmes baſtionnés, il ne lui ſera pas difficile de ſe déterminer pour le tracé des forts deſtinés à former les lignes permanentes, ſuivant un nouveau ſyſtême, où l'artillerie très-multipliée, ne peut être détruite par aucun moyen qui ſoit à la diſpoſition des aſſiégeans. Alors qu'y aura-t-il à faire pour être tout-à-fait initié dans ces nouvelles méthodes ? Parcourir l'ouvrage où elles ſont traitées dans le plus grand détail, & repréſentées en plans, coupes & élévations ſur plus de cent trente Planches parfaitement gravées. Ces connoiſſances, qui peuvent être acquiſes en quelques mois, le mettront en état de décider des meilleurs projets défenſifs, toutes les fois qu'il en ſera préſenté à l'Aſſemblée Nationale ; car il ſuffit de ce ſeul principe à retenir, pour être un excellent juge en ce genre.

PRINCIPE FONDAMENTAL.

La fortification qui pourra donner ſur chaque point de ſa circonférence, une plus grande quantité de feux & mieux couverts, eſt toujours celle qui doit être préférée, & ce principe, dont la vérité ne peut être conteſtée, exclut tous les ſyſtêmes baſtionnés, mis en parallèle avec ceux angulaires caſematés, puiſque l'artillerie eſt impoſſible à conſerver avec les premiers, & impoſſible à perdre avec les ſeconds.

L'Aſſemblée Nationale ayant donc à s'occuper d'un objet auſſi eſſentiel que celui de mettre en bon état de défenſe les places de guerre & les frontières du Royaume, pourra ordonner qu'il ſoit fait dans chacune des Provinces de Franche-Comté, d'Alſace, des Evêchés, Lorraine, Hainault, Cambreſis, Artois & Flandres, des projets des lignes frontières permanentes, ſuivant les anciens & les nouveaux ſyſtêmes, leſquelles ſeront aſſujetties à border & défendre les canaux de navigation, dont chacune des frontières de ces différentes provinces ſe trouveront ſuſceptibles, pour leſdits projets être préſentés

sentés à son Comité militaire, dans le moins de tems possible, avec ceux dont l'exécution a été arrêtée, soit pour Cherbourg, soit pour le Havre, soit pour Dunkerque, soit pour l'île d'Aix, ou pour tout autre endroit où il y aura des travaux à faire, afin qu'elle puisse arrêter & ordonner ceux de ces projets qu'elle jugera devoir préférer; & pour cet effet, tout militaire qui se sera occupé des moyens défensifs des frontières, soit d'après des reconnoissances locales, ayant été dans l'Etat-Major de l'armée, soit d'après des idées particulières dont il aura fait l'application à quelque partie des frontières, aura à les communiquer au Comité militaire ; & de même MM. les Officiers du Génie auront à produire devant le même Comité leurs différens projets relatifs aux fortifications à exécuter dans leur direction, de quelque nature qu'ils soient. Mais pour être assuré de la vérité & de l'exactitude des différens exposés qui lui seront faits, l'Assemblée Nationale pourra demander, si elle le juge à propos, qu'il soit nommé six Inspecteurs des Fortifications choisis parmi des Officiers étrangers au Corps du génie, qui sont chargés chaque année de la visite des frontières, & les motifs allégués par Messieurs les Ingénieurs ou autres Officiers pour appuyer leurs projets, n'auront de force qu'autant qu'ils seront conformes à l'avis de l'Inspecteur des Fortifications de leur département. C'est seulement de cette façon, qu'on empêchera l'exécution des projets dispendieux & peu utiles qui ont été ordonnés jusqu'à présent dans tant d'endroits, par des Ministres qui s'en sont toujours rapportés uniquement aux Ingénieurs de chaque direction. Il existe dans le nombre de mes plans en relief, que l'Assemblée a bien voulu accepter pour la Nation, des forteresses depuis les plus grandes places jusqu'aux plus petits forts, dans toutes les formes, telles qu'elles peuvent convenir à toutes sortes de terreins. On y trouvera en relief le tracé de mes lignes permanentes, avec les forts qui y conviennent. Ce travail, qui est l'ouvrage de trente années, se trouvant tout fait, on y pourra choisir tel ou tel modèle, suivant l'objet qu'on aura à remplir, & si l'Assemblée Nationale jugeoit que les connoissances que tant d'années d'application ont pû me faire acquérir en ce genre, pussent être utiles à déterminer les constructions & les espèces de forts qui conviendront le mieux aux situations que les frontières pourront offrir, je serai toujours prêt jusqu'au dernier moment de ma vie à lui sacrifier & mon tems & mes peines, & ma fortune, ainsi que je l'ai fait depuis que j'existe. Ce sentiment est né avec moi & mourra de même.

Mais après l'avoir prévenue de tout ce qu'il importoit si fort qu'elle sût, il ne me reste qu'à former les vœux les plus sincères, pour qu'elle fasse dans cette partie, tout le bien qu'elle peut faire, & qu'il est si important pour l'Etat qui soit fait.

FIN.

www.ingramcontent.com/pod-product-compliance
Ingram Content Group UK Ltd.
Pitfield, Milton Keynes, MK11 3LW, UK
UKHW020420220726
13923UKWH00005B/2073

9 782329 062044